마음 한번 바꾸면

고즈원은 좋은책을 읽는 독자를 섬깁니다.
당신을 닮은 좋은책—고즈원

마음 한번 바꾸면
최영순 글·그림

1판 1쇄 발행 | 2011. 2. 28.
1판 2쇄 발행 | 2011. 5. 13.

저작권자 ⓒ 2011 최영순
이 책의 저작권자는 위와 같습니다. 저작권자의 동의 없이
내용의 일부를 인용하거나 발췌하는 것을 금합니다.
Copyright ⓒ 2011 by Choi Young Soon
All rights reserved including the rights of reproduction
in whole or in part in any form. Printed in KOREA.

발행처 | 고즈원
발행인 | 고세규
신고번호 | 제313-2004-00095호
신고일자 | 2004. 4. 21.
(121-896) 서울특별시 마포구 동교로13길 34 (서교동 474-13)
전화 02)325-5676 팩시밀리 02)333-5980

값은 표지에 있습니다.
ISBN 978-89-92975-49-0

고즈원은 항상 책을 읽는 독자의 기쁨을 생각합니다.
고즈원은 좋은책이 독자에게 행복을 전한다고 믿습니다.

이 책의 본문은 재생용지(그린서적지 100g)를 사용하였습니다.

천천히 읽는 명상 카툰

마음 한 번 바꾸면

최영순 글·그림

차례

들어가는 말 8

첫 번째 이야기
사랑을 미루지 마세요

바쁜 일 끝나면 12   물어보면 되고, 헤매면 그만 14
손양원 목사님의 진짜 사랑 16   호리병에 담아둔 세 마디 18
지금, 당장 22   강렬한 포인트 24   사랑, 그 무한한 힘 26
행복한 결혼의 비법 28   정신이 몽롱해 30   내가 먼저 빙긋 32
느티나무 아래서 34   병한테 고마워 38
마음 한번 바꾸면 40   하나만 보고 알아챘지 44
절반의 만족 46   세상의 중심 1 48   세상의 중심 2 50
한국사람 일본사람 52   손맛 54   생글생글 56
사랑을 미루지 마세요 58   청년이 낭비한 돌맹이 61

두 번째 이야기

시를 쓰지 않기로 한 까닭

가장 가치 있는 발걸음으로 66   휴식이 필요해 68
받아들이기 나름 1 70   받아들이기 나름 2 72   방심은 금물 74
진짜 고요 76   무얼 선택해야 할지 모를 땐 78   벗어날 수 없어 80
새로운 백신 82   자주 앓아눕는 의사 선생님 84   굽힘으로써 편다 86
똑같이 엎드려서 90   마음 다스리기 92   오늘은 가장 젊은 날 95
심부름꾼은 원래 98   위대한 유산 100   시를 쓰지 않기로 한 까닭 102
소리 없는 즐거움 104   딱 한 사람만 태운다면 106
촌장님의 판결 108   깨달음은 어디에? 111

세 번째 이야기

모자란 법이 없답니다

충전이 필요합니다 116 똥에서 향기가? 118 가을바람 인플루엔자 120

너는 이승엽이다 122 맨손으로 온 까닭 126 마음의 거울 128

어쩌면 미래에는 130 한 사람만 날아갈 것 같은 까닭 132

비 오는데 무슨 연습? 134 아버지의 거짓말 136 불필요한 물건 139

벌거숭이 수행자 142 못 해 본 세 가지 144 편안한 운전의 비결 146

오늘은 국화가 주인공 148 불효자는 웃습니다 150 그녀의 선택 152

알고 보면 내 삶도 154 모자란 법이 없답니다 158

내일은 내일의 태양이 뜬다 160 남편의 쪽지 163

네 번째 이야기

그 아름다운 풀을

기쁨과 후회 168   향기로운 것 세 가지 170

그 아름다운 풀을 172   큰 보따리, 작은 보따리 174

보릿고개 리메이크 178   돼지고기 너무 싫어 180

기도는 이렇게 182   보톡스 맞으러 갑니다 184   풀어줘야 하는 법 186

어느 새신랑의 고백 188   마음 보조식품 191   브레이크가 더 큰 까닭 194

음표보다 쉼표 196   인테리어 비법 198   웃음기를 싹 없애는 방법 200

천하제일의 명기 202   무엇이든 절반쯤 204   한 번도 실패한 적이 없네 206

정치인의 재능 208   박군의 본 아이덴티티 210   좋은 말씀 213

들어가는 말

〈투스카니의 태양〉이라는 영화가 있는데요, 주인공 프란시스는 절망적인 현실을 벗어나기 위해 무작정 떠난 이탈리아 여행에서 묘한 운명과 마주치게 됩니다. 시골의 한 노천카페에서 우연히 빌라 매매 광고를 보게 되는데 빌라의 이름이 '태양을 그리워하다'라는 뜻의 '브라마 솔레'였습니다. 그녀는 이름에 이끌려 덜컥 계약을 하고 맙니다.
그러나 막상 빌라 현관 앞에 서자 당혹감이 밀려옵니다. 300년이나 된 빌라는 손볼 곳이 한두 군데가 아니었습니다. 난감해하는 프란시스의 표정을 본 원래 주인은 빌라 옆의 올리브 밭을 덤으로 얹어 주겠다고 합니다. 그녀는 그 밭이 몇 평이나 되느냐고 묻습니다.
"암소 두 마리쯤 돼요."
'암소 두 마리?' 그녀는 무슨 영문인지 몰라 고개를 갸우뚱합니다.
"암소 두 마리로 하루 동안 갈 수 있는 넓이지요."
정확하게 해야지 그렇게 거래하면 문제가 생기지 않느냐고 하자 주인이 대답합니다.

"우린 옛날부터 그렇게 계산해 왔는데 한 번도 문제가 없었어요."

이번 책 작업이 거의 마무리되어 가던 즈음, 제가 살고 있는 곳에 폭설이 내렸습니다. '파묻혔다'는 표현이 실감날 만큼 온 세상이 눈 천지였습니다. 원래 이곳이 길이었는지, 화단이었는지, 밭이었는지 온통 구분이 안 갈 정도였으니까요.
그런데 저는 100년 만이라는 폭설을 바라보며 문득 '투스카니의 암소 두 마리'가 떠올랐습니다. 눈에 갇혀 버린 탓에 '몇 시 몇 분까지'라는 약속도, 차도와 인도의 구분도 모두 사라지고 말았으니까요.
그리고 그 속에서 사람들의 달라진 모습을 보았습니다. 시계추처럼 정확하게 이루어지던 일상이 흐트러지고 늘어졌지만, 늘 타고 다니던 차를 버리고 허벅지까지 빠지는 눈길을 걸어 다니며 일을 보아야 했지만, 사람들은 인상을 찌푸리기보다는 함께 눈을 치우고 유쾌한 웃음을 나누며 매실주와 김치찌개를 놓고 둘러앉아 이야기꽃을 피웠습니다. 만날 컴퓨터 앞에만 앉아 있던 아이들은 제 세상을 만났지요. 학원도 쉬는 김에 하루 종일 눈밭에서 뛰고 뒹구느라 옷이 다 젖고 손발은 얼었지만 엄마들은 흐뭇하게 웃기만 했습니다.
이 모습을 보면서 이렇게 살 수도 있구나, 생각했습니다. 정확한 구분과 딱 떨어지는 계산이 없어도 헝클어지지 않고 살아갈 수 있구나. 물론 폭설로 생업에 피해를 입으신 분들께는 위로에 위로의 말씀을 더해도 부족하기만 합니다만….

조금 천천히, 조금 덜 정확하게 살아도 될 것 같습니다.
아무 문제 없으니까요.
조금 헐렁하게, 조금 손해 보며 살아도 될 것 같습니다.
아무 문제 없으니까요.

첫 번째 이야기

사랑을 미루지 마세요

바쁜 일 끝나면

인생이란 두 손으로 일, 가족, 건강, 친구, 영혼이라는 다섯 개의 공을 돌리는 저글링 곡예 같은 것입니다.
'일'이라는 공은 고무공과 같습니다. 떨어뜨려도 곧 튀어 오릅니다. 하지만 나머지 공은 유리공과 같습니다. 떨어뜨린다면 깨지기 쉽습니다. 한 번 깨지면 다시는 예전과 같아질 수 없습니다.

지금 어디에 있는지, 어디를 향해 가고 있는지도 모를 정도로 바쁘게 살지 마십시오. 인생은 경주가 아닙니다. 한 걸음 한 걸음 음미하는 여행입니다.
- 더글러스 대프트(코카콜라 전 회장)

 ## 물어보면 되고, 헤매면 그만

지나간 과거에 매달리지도 말고
아직 오지 않은 미래를 걱정하지도 마세요.
오직 지금의 한 생각만을 굳게 지키세요.
진실하고 굳세게 살아가는 것. 그것이 하루하루를
살아가는 가장 좋은 길입니다.
- 〈법구경〉

 # 손양원 목사님의 진짜 사랑

해방 전후 시절, 소록도에서 한센인들을 돌보던 손양원 목사님...

그는 1948년 여수·순천사건 때 두 아들을 잃었는데요.

사건이 끝난 후...

놀랍게도 그는 재판장에게 탄원을 해 가해자의 목숨을 구해줬습니다.

그리고 그를 양자로 삼았습니다.

도대체 왜 그럴게까지 하냐고 묻자 그는 이렇게 대답했습니다.

사랑할 수 있는 사람을 사랑하는 것은 사랑이 아닙니다.

사랑할 수 없는 사람을 사랑하는 것이 진짜 사랑입니다...

누구도 받기만 할 뿐 주지 않는다면 이 세상은 오래 버티지 못할 것입니다. 이 세상은 끊임없이 받으려는 사람보다 끊임없이 주려고 하는 많은 사람들에 의해 지탱되고 있습니다.
- 슈바이처

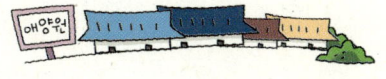

 호리병에 담아 둔 세 마디

부드러운 미소와 눈빛으로 사람을 대하고, 공손하고 아름다운 말로 사람을 대하고, 예의 바르고 친절한 몸가짐으로 사람을 대한다면 아무것도 가진 게 없어도 얼마든지 나누어 가질 수 있습니다.
- 〈잡보장경〉

 ## 지금, 당장

어리석은 사람은 발보다 말이 앞서 튀어 나가지만
지혜롭고 현명한 사람은 말할 때는 천천히 하고
행동할 때는 민첩하게 한다.
- 공자

음악에서 가장 격정적인 부분은 클라이맥스가 아니라 모든 음이 멈추는 그 정적 사이에 있다.
- 델로니어스 몽크(재즈 피아니스트)

 ## 사랑, 그 무한한 힘

사랑은 그것이 희생일 때 외에는 그 이름에 적합하지 않습니다.
- 로맹 롤랑(프랑스 소설가)

이제 두 사람은 비를 맞지 않으리. 서로가 우산이 되어
줄 테니까.
이제 두 사람은 춥지 않으리. 서로가 따뜻함이 될 테니까.
이제 두 사람은 외롭지 않으리. 서로가 동행이 될 테니까.
두 사람은 비록 두 개의 몸이지만 이제 이들 앞에는 오직
하나의 인생만이 있으리라.
그대들의 집 안으로 들어가라. 함께 있는 날들 속으로 들
어가라.
이 대지 위에서 그대들은 오래오래 행복하리라.
- 북아메리카 원주민의 결혼 시

정신이 몽롱해

한국이 잘살게 됐고 정보통신 기술이 발달했지만 영혼을 잃고 있는 것은 아닌지, 조상이 물려준 훌륭한 정신적 유산을 잃고 있는 것은 아닌지 돌아봐야 합니다. 유대인 속담에 '노를 저을 때 앞으로 나아가려면 반드시 뒤를 돌아봐야 한다.'는 말이 있지요.
- 마빈 토카이어(《탈무드》 저자)

 ## 내가 먼저 빙긋

일은 유쾌하게 해 주고, 교제는 명랑하게 해 주고, 가정은 밝게 해 주고, 수명은 길게 해 주는 것. 그것은 미소입니다.

- 데일 카네기(미국 인간경영 컨설턴트)

 ## 느티나무 아래서

어렸을 적 고향 마을 어귀에는 커다란 느티나무가 한 그루 있었습니다.

우리는 통학 버스를 기다리는 동안 그 느티나무를 쳐다보며 꿈을 키우곤 했습니다.

나도 저 나무처럼 품이 넓은 사람이 돼야지.

난 저 나무처럼 키가 클 거야.

잠시라도 아날로그적인 삶을 살아 봄으로써 무엇이 우리에게 가장 중요한 것인지 찾아볼 필요가 있습니다. 컴퓨터와 휴대전화를 모두 끄고 우리 주변에 있는 사람들을 발견하십시오. 그 어떤 것도 아기가 처음 걸음을 뗄 때 손을 잡아 주는 기쁨을 대신할 수 없습니다.

– 에릭 슈미트(구글 CEO)

 ## 병한테 고마워

불행의 원인은 늘 자신에게 있습니다. 몸이 구부정하면 그림자도 구부정한 법, 어찌 그림자를 원망하겠습니까. 그러므로 치료 또한 자신이 할 수 있을 뿐입니다. 마음을 평화롭게 고쳐 나간다면 당신의 표정도 평화롭고 아름다워질 것입니다.
- B. 파스칼의 〈팡세〉 중에서

 ## 마음 한번 바꾸면

오늘, 친구가 약속 시간보다 늦게 오는 바람에 찬바람 속에서 30분이나 기다려야 했습니다.

덕분에 오랜만에 혼자만의 시간을 갖게되어 그가 고마웠습니다.

오늘, 직장 상사의 다혈질이 폭발해서 다들 줄초상이 났습니다.

덕분에 넘치는 열정과 에너지를 배울 수 있어 그가 고마웠습니다.

오늘, 빌려간 돈을 갚겠다던 동료가 돈이 없다며 한 달 후에 갚겠다고 했습니다.

덕분에 앞으로 한 달 동안 텅 빈 충만을 느끼며 살게 되어 그에게 정말 고마웠습니다.

아름다운 입술을 갖고 싶으면
친절하게 말을 하라.
사랑스런 눈을 갖고 싶으면
사람들에게서 좋은 점을 봐라.
날씬한 몸매를 갖고 싶으면
너의 음식을 배고픈 사람과 나누어라.
아름다운 자세를 갖고 싶으면
결코 너 혼자 걷고 있지 않음을 명심하라.
부드러운 머리카락을 갖고 싶으면
하루에 한 번 어린이가 너의 머리를 쓰다듬게 하라.

사람들은 상처로부터 치유되어야 하고,
낡은 것으로부터 새로워져야 하고,
병으로부터 회복되어야 하고,
무지로부터 교화되어야 하며,

고통으로부터 구원받고 또 구원받아야 한다.
결코 누구도 버려져서는 안 된다.

기억하라. 만약 도움의 손이 필요하다면
너의 팔 끝에 있는 손을 이용하면 된다.
네가 더 나이가 들면
손이 두 개라는 걸 발견할 것이다.
한 손은 너 자신을 돕는 손이고
다른 한 손은 다른 사람을 돕는 손이다.
- 오드리 헵번(영화배우)이 아들에게 쓴 편지 중에서

하나만 보고 알아챘지

리더십의 본질은 '헌신'이라고 생각합니다. 리더의 헌신. 남에게 강요하는 게 아니라 내가 가는 길을 보여 주는 거죠.

— 김택진(엔씨소프트 대표)

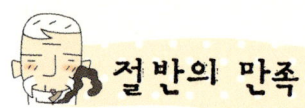# 절반의 만족

풍요로움만이 바람직한 삶의 가치인가에 대해 회의감을 느낀다. 많이 일하고, 많이 벌고, 많이 먹고, 많은 스트레스를 받으며 적게 웃는 삶이 과연 행복일까 하는 회의 말이다. 하기는 그 반대로 산들 어떤가. 적게 일하는 대신 적게 벌고, 적게 먹고, 많이 웃는 그런 삶 말이다.

– 최성각(소설가·환경운동가)

세상의 중심 1

행복은 물질 자체에 있는 것이 아니라 우리가 그것을 즐기는 능력에 있습니다. 다른 사람들이 아니라 우리 자신이 사랑하고 원하는 것을 즐길 때 행복해질 수 있습니다. 모든 물질적 소유에 대한 욕심을 포기하라는 것이 아닙니다. 남들과 비교하지 말고 우리 자신에게 즐거움을 주는 것에 초점을 맞춰 살아야 한다는 것입니다.
- 라 로슈푸코(프랑스 고전 작가)

이 세상이 천국이었던 적은 결코 없습니다.
옛날은 더 좋았는데 지금은 지옥이 된 것이 아닙니다.
세상은 언제나 불완전하고 진흙투성이여서
그것을 참고 견디며 가치 있는 것으로 만들기 위해서는
사랑과 신념이 필요합니다.
– 헤르만 헤세

 ## 한국사람 일본사람

사람은 다른 사람에게 어떤 행동을 했느냐에 따라 자신의 행복이 결정됩니다. 남을 행복하게 해 주려 했다면 그만큼 나도 행복해집니다. 남에게 친절을 베풀었다면 그만큼 내 마음은 넉넉해집니다. 만일 인색하게 굴었다면 그만큼 내 마음도 좁아집니다.
남을 행복하게 해 줄 수 있다면 평화와 행복을 얻을 수 있습니다.
- 플라톤

아주 사소한 것까지도 소중히 여기는 마음을 지니다 보면 늘 감사에 가득 찬 어질고 부드러운 눈길을 지니게 될 것입니다. 감사하는 마음은 따뜻한 마음이기 때문입니다.
- 이해인(수녀)

 생글생글

웃음은 마치 음악과 같습니다. 웃음이 마음속에 깃들어 그 멜로디가 들리는 장소에서는 인생의 여러 가지 재앙이 사라져 버립니다.

- 홀랜드 샌더스(KFC 창업자)

사랑을 미루지 마세요

이 세상에서 가장 중요한 시간은 언제인가? 가장 필요한 사람은 누구인가? 가장 중요한 일은 또 무엇인가? 이 세상에서 가장 중요한 시간은 바로 지금이고, 가장 필요한 사람은 지금 내가 만나고 있는 사람이고, 이 세상에서 가장 중요한 일은 지금 내 옆에 있는 사람에게 선을 행하는 일입니다.

– 톨스토이(러시아 대문호)

# 청년이 낭비한 돌멩이

어느 시골 마을에 가난한 청년이 살았습니다.

그는 자신이 배운 것도 변변찮고, 가진 것도 없다며 우울해 했습니다.

에휴

무슨 밑천이라도 있어야 말이지...

청년은 아무런 의욕도 없이 하루하루 보내곤 했습니다.

유일한 소일거리는 마을 앞 호숫가에 나가 돌멩이를 던지는 것이었습니다.

그렇게 청년의 젊은 날은 지나가고 있었습니다.

퐁!

인생에서 몇 번의 실패는 피할 수 없습니다. 또 실패 없이는 진정한 자신에 대해 알 수 없습니다. 이것을 아는 것이 참다운 재능이고, 그 어떤 자격증보다 가치가 있습니다. 타임머신을 타고 젊은 시절로 돌아간다면 제 자신에게 이렇게 말해 주고 싶습니다.
"인생은 성취한 일만 적어 놓는 목록이 아니다. 그게 아니라는 것만 알면 행복할 수 있을 것이다."라고요.
세상을 바꾸는 데 마법은 필요하지 않습니다. 우리 내면에 이미 힘이 존재합니다. 우리에겐 더 나은 세상을 상상할 수 있는 힘이 있습니다.
- 조앤 K. 롤링(〈해리포터〉 시리즈 저자)

두 번째 이야기
시를 쓰지 않기로 한 까닭

 ## 가장 가치 있는 발걸음으로

지난 15년 간 회사를 운영하면서 깨달은 것은 단 하나, 고통 없이 얻을 수 있는 것은 아무것도 없다는 사실입니다. 그리고 적자에 허덕이던 사업을 흑자로 바꾸어 놓은 결과가 중요한 것이 아니라 그 과정의 정당성이 더 중요하다는 것도 깨달았습니다.

- 안철수(벤처기업인·교수)

 **휴식이 필요해**

휴일은 인간에게 주어진 것입니다. 인간이 휴일에게 주어진 것이 아닙니다.
- 〈탈무드〉

받아들이기 나름 1

근본적으로 행복과 불행은 그 크기가 정해져 있는 것이 아닙니다. 다만 그것을 받아들이는 사람의 마음에 따라서 작은 것도 커지고 큰 것도 작아질 수 있는 것입니다. 현명한 사람은 큰 불행도 작게 처리해 버립니다. 그러나 어리석은 사람은 조그마한 불행을 현미경으로 보듯 확대해서 스스로 큰 고민 속에 빠집니다.
- 라 로슈푸코(프랑스 고전 작가)

# 받아들이기 나름 2

삶에 대한 태도와 삶의 습관을 종합적으로 바꿨을 때라야 병을 이겨 낼 수 있습니다. 가장 좋은 방법은 하루 10분씩, 나와 관계를 맺고 있는 모든 사람들이 활짝 웃고 행복해하는 모습을 눈을 감고 그리는 것입니다. 그때 자신도 모르게 은은한 미소가 배어 나온다면 그것이 곧 명상입니다.
- 권선영(한의사)

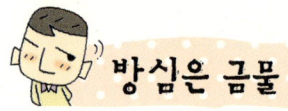 방심은 금물

경험을 하나씩 할 때마다 지혜도 하나씩 늘어납니다.
- 〈명심보감〉

 ## 진짜 고요

마음이 번거로우면 세상이 번거롭고, 마음이 깨끗하면 세상 또한 깨끗해집니다. 얼룩새의 몸뚱이는 하나지만 색은 수없이 많습니다. 사람도 몸은 하나지만 마음의 얼룩은 얼룩새보다 더 많습니다.

- 〈잡아함경〉

 # 무얼 선택해야 할지 모를 땐

서로 다투면 다툴수록 길은 더욱 좁아지고 한 걸음 물러서면 길은 그만큼 넓어집니다. 내 입에 즐거운 진한 맛은 오래 가지 않으니 조금만 맑고 담백하게 하면 즐거움은 그만큼 길어집니다.
- 〈채근담〉

# 벗어날 수 없어

여름 휴가를 떠났다가 사람의 발길이 닿지 않을 것 같은 깊은 산속에서 작은 민박을 발견했습니다.

그래. 휴가지의 번잡함과 문명의 편리함을 떠나 이곳으로 오기를 참 잘했어.

아름다운 자연의 정취도 만끽하고

지나온 삶도 차분히 반성하면서

혼자만의 절대 고독을 누려야겠다.

그러나 그 다짐은 하루도 안 돼 물거품이 되고 말았습니다.

그 깊은 산속에도...

초고속 인터넷 됩니다

방명록 관리

블로그 글쓰기

이곳에선 아직도 나무 때서 밥해 먹어요. 인증 샷 올림~

여행이란 특정한 공간을 떠나는 것이 아니라, 특정한 삶의 패턴에서 잠시 벗어나서 그 패턴을 곰곰이 되돌아보는 것입니다. '마음의 여행'이 없는 삶은 다람쥐 쳇바퀴 돌 듯 살다 가는 것에 불과할 뿐입니다.
- tangchil.egloos.com

새로운 백신

화초를 길러 본 분들은 아실 텐데요, 겨우 물 한 번 주었을 뿐인데 시들시들하던 화초가 금세 살아나는 것을 보면 정말 놀랍습니다. 잎이 다 떨어져 혹시 죽지 않았을까 싶은 나무에도 몇 번만 물을 주면 새순이 돋아 나옵니다.
천성이 게으른 탓에 얼마 되지도 않는 화초를 곧잘 말려죽이곤 하는데요, 물 좀 주었다고 다시 싱싱하게 피어오르는 화초를 보면서 이런 생각을 하곤 합니다.
'지치고 울적하고 괴로운 사람도 이렇게 단번에 생기를 돌게 하고 마음에 평화를 주는 물은 없을까?'
어쩌면 미래에는 이런 물약이 등장하지 않을까 기대해 봅니다.

 ## 자주 앓아눕는 의사 선생님

의사의 따뜻한 말과 마음은 때로는 과학보다도 더 큰 치유의 힘을 발휘하기도 합니다. 그것은 환자의 내면으로부터 자연적인 치유의 힘을 끌어내는 긍정적 에너지를 주기 때문입니다.

- 백태선(의사)

 ## 굽힘으로써 편다

유달리 배운 티를 내는 사람이 싸부님을 찾아와 거들먹댔습니다.
거들먹 거들먹

다른 사람들은 당신이 무슨 말을 하든 그대로 따르겠지만...

나를 그렇게 할 수는 없을 거요.

능력이 있으면 날 따르게 해 보시오.

……

그럼 내 왼쪽으로 오시오.

날 따르게 해 보겠소이다.

아무리 재주와 학식이 있더라도 마음이 교만하고 어지러운 사람은 분명히 동쪽으로 걸어갔지만 사실은 서쪽을 향해 걸어가는 사람과 같습니다.
경솔한 입은 모든 재앙을 끌어들이는 문입니다. 반드시 엄하게 지켜야 합니다. 경박한 몸은 모든 화의 원인입니다. 함부로 움직이지 마십시오. 바삐 날아다니는 새는 언젠가는 그물에 걸리게 돼 있고, 가벼이 날뛰는 짐승은 언젠가는 화살에 맞습니다. 그러므로 말과 행동과 생각을 늘 조심해야 합니다.
- 〈발심수행장〉

 ## 똑같이 엎드려서

진정한 눈높이는 상대의 처지에서 이해하고 함께 아파해 주는 것입니다. 그것을 다른 말로 표현하면 '친절'과 '배려'입니다.
누군가에 의해 인생 곳곳에 숨어 있는 작고 따뜻한 친절과 배려가 드러나는 순간, 우리에겐 기적과 같은 변화가 일어납니다.
- 윌리엄 하브리첼(미국 심장의학 권위자)

 ## 마음 다스리기

사람의 마음은 늘 혼란스럽고 욕심 부리는 대로 이리저리 달아납니다. 그래서 사람의 마음은 지키기도 힘들고 억제하기도 힘듭니다. 지혜 있는 사람은 이를 잡을 줄 아는 사람입니다. 보이지도 않고 미묘하지만 이를 잘 다스립니다. 마음을 바로잡는 일이 행복의 근원입니다. 마음을 잘 다스리는 사람이 안락을 얻습니다.
- 〈법구경〉

# 오늘은 가장 젊은 날

제가 좋아하는 시 중에 이런 구절이 있습니다.

"청춘이란 인생의 어느 기간을 말하는 게 아니라 마음의 상태를 말한다."

미국의 시인 사무엘 울만의 〈청춘〉이라는 시의 일부분인데요. 곱씹을수록 마음 밑바닥에 모과 열매 하나가 툭 하고 떨어지는 느낌입니다.

젊다고 다 청춘이 아니라 청춘다운 마음으로 살아야만 청춘이라는 사무엘 울만은 이 시에서

"두려움을 물리치는 용기, 안이함을 뿌리치는 모험심이 청춘"이라고 합니다.

처음 이 시를 읽었을 때 거의 반사적으로 제 지나온 삶을 되돌아보았습니다.

'청춘일 때 청춘답게 살았었나? 지금은 청춘답게 살고 있나? 그러면 앞으로는?'

아무리 생각해 봐도 고개를 끄덕이지 못하겠더군요. 용기도, 모험심도 없었으니 제 인생 어느 한순간도 청춘인 적이 없었던 겁니다.

제가 아는 한 소설가 선배는 만년 청춘입니다.
50대 후반의 나이지만 가슴속에는 늘 열정이 넘쳐흐릅니다.
새로운 것을 시도하고, 활기차고, 거리낌도 없습니다. 옳다고 믿는 일에는 불같은 마음으로 달려듭니다. 그러니 그분은 평생을 청춘으로 살아가는 셈입니다.
그분의 삶을 배우고 싶지만 늘 마음뿐이니 그분에 비하면 저는 늙은이인 것이지요.

청춘의 한자는 푸를 청(靑) 봄 춘(春)입니다. 더 늦기 전에 푸르디푸른 봄 같은 청춘을 되살려 봐야겠습니다.

심부름꾼은 원래

겉모습이 그럴듯하다고 다 좋은 사람은 아닙니다. 그 뜻이 청정하고 정직해야 좋은 사람이니 공연히 겉모습만 꾸미지도 말고 또한 겉모습을 가지고 사람을 평가하지도 마십시오.
- 〈대반열반경〉

 ## 위대한 유산

우리 몸에는 완벽한 약국이 있습니다. 우리는 어떤 병도 치료할 수 있는 엄청난 약을 가지고 있습니다. 그것은 우리를 늘 평화롭게 해 주는 '웃음'입니다.
- 노먼 커즌스(미국 평화운동가)

 ## 시를 쓰지 않기로 한 까닭

전기는 물론 석유와 관련된 일체의 제품을 거의 쓰지 않고 일주일을 살았는데 그 기간 동안 제가 발생시킨 탄소를 없애기 위해선 자작나무를 세 그루나 심어야 한답니다. 그럼 평소처럼 일주일을 살았다면 도대체 나무를 얼마나 심어야 하나요?

– 박진희(영화배우)의 〈저탄소 프로그램〉 참여 소감 중에서

# 소리 없는 즐거움

돈, 지위, 명예처럼 사람을 즐겁게 해 주는 것은 많습니다. 그러나 참다운 행복은 번잡한 일이 없고, 아무 사고 없이 평온하게 지내는 것입니다.

사람을 괴롭게 하는 것도 여러 가지이지만 그중 가장 괴로운 것은 마음이 온 천지 사방으로 흩어져서 스스로 마음의 갈피를 잡지 못하는 것입니다.

마음을 조용히 여미고 있는 사람은 그래서 즐겁고 행복합니다.

– 〈채근담〉

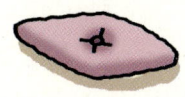

딱 한 사람만 태운다면

'틀을 깨고 생각하기'를 시작한다면 기대 이상의 좋은 결과들이 나타날 수 있습니다. 틀을 깨고 생각하면 폭이 넓어지고 큰 결과를 얻을 수 있습니다.
나를 버리고 크게 생각하면 많은 사람이 행복해집니다.
– 〈행복한동행〉 중에서

 촌장님의 판결

소인은 남에게 책임을 돌리고 남을 꾸짖고 남에게 구하지만, 군자는 모든 것을 자기 책임으로 여기고 반성합니다.
- 〈논어〉

깨달음은 어디에?

깨달음이라는 것은 열심히 쫓아다닌다고 해서 얻어지는 것이 아니다. 깨달음의 길이란 것이 따로 있는 것도 아니다. 깨달음은 바로 우리가 살고 있는 이 삶 속에 있다. 이상적인 어떤 세계가 아니라 바로 시장 바닥에 널려 있는 평범하고 바삐 움직이는 삶 속에 있다. 단지 그것을 모르고 헛것을 좇을 뿐이다.

- 승찬대사(고대 중국 선사)

세 번째 이야기

모자란 법이 없답니다

 # 충전이 필요합니다

마음에 사랑이 없는 사람은 빈털터리나 마찬가지야. 꿈도 이야기도, 아무것도 없지.

- 영화 〈오스트레일리아〉 중에서

똥에서 향기가?

  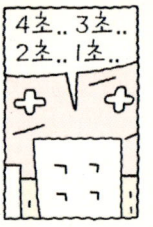 

이성은 걷고, 감성은 달립니다. 그러나 상상력은 날아갑니다.
- 프랑스 속담

 ## 가을바람 인플루엔자

<u>고독은</u> 잠시 방문하기엔 좋은 장소이지만 오래 머물러 있기에는 무척 쓸쓸한 곳입니다.
- 버나드 쇼(영국 극작가)

# 너는 이승엽이다

이승엽 선수가 어느 인터뷰에서 했던 말이 생각납니다.
그날따라 연타석 홈런을 펑펑 칠 정도로 컨디션이 좋아 보여 기자가 물었습니다. 연일 불방망이를 휘두르는 비결이 뭐냐, 컨디션을 조절하는 비법이 있을 것 같은데 소개해 달라고 말이지요.
그러자 이승엽 선수는 전혀 뜻밖의 말을 했습니다.
"뭐 별다른 건 없고 그냥 컨디션을 약간 안 좋게 합니다."
기자가 갸우뚱해하자 이렇게 덧붙였습니다.
"컨디션이 너무 좋으면 욕심이 생겨 어깨에 힘이 들어가고 스윙 폼이 커지거든요. 컨디션이 약간 안 좋을 때, 좀 부족한 듯싶을 때, 그럴 때 마음을 비우고 더 집중하게 돼서 좋은 타격이 나오더라고요."
인생도 이와 같지 않을까요?

야구를 통해 세상에서 깨우치지 못한 삶의 규범을 배웁니다. 강자라고 타석에 먼저 들어설 수 없으며, 자신에게 주어진 순서대로만 타석에 설 수 있습니다.
또한 야구는 정해진 길을 가야 함을 우리에게 알려 줍니다. 내가 아무리 빠르더라도 앞사람을 제치고 홈을 밟을 수 없기에, 겸손함으로 앞의 사람을 인정하며 정해진 주로를 따라 길을 가야 한다고 말입니다.
- 이숭용(프로야구 선수)의 결혼식 청첩장 중에서

 ## 맨손으로 온 까닭

자연과 더불어 살고 싶어서 시골로 거처를 옮긴 소설가 이윤기 선생님은 몇 년간 밭과 정원을 멋지게 꾸미기 위해 애쓰시다가 결국 포기하면서 이런 깨달음을 얻으셨다고 합니다.
"물길을 가장 아름답게 만드는 건 물 스스로다. 물은 석 자만 흘러도 스스로를 맑게 한다."

마음의 거울

나이 들어 생기는 병은 모두 젊었을 때 생긴 것이고, 쇠락한 뒤에 생기는 고통은 모두 흥성했을 때 지은 것입니다.
- 〈채근담〉

어쩌면 미래에는

가장 잘못된 만남은 생선과 같은 만남이다.
만나면 만날수록 비린내가 묻어오니까.
가장 조심해야 할 만남은 꽃과 같은 만남이다.
피어 있을 땐 환호하다가도 시들면 미련 없이 버리니까.
가장 시간이 아까운 만남은 지우개 같은 만남이다.
금방의 만남이 순식간에 지워져 버리니까.
가장 아름다운 만남은 손수건 같은 만남이다.
힘들 땐 땀을 닦아 주고 슬플 땐 눈물을 닦아 줄 수 있으니까.

— 정채봉(아동문학가)

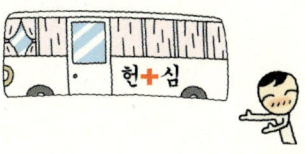

한 사람만 날아갈 것 같은 까닭

삶은 원하든 원하지 않든 승부를 전제하는 것입니다. 그것을 받아들이지 못하고 즐기지 못하면 짜증이 나고 금방 싫증을 느껴 결국 아무것도 성취하지 못합니다.

– 하일성(야구 해설가)

비 오는데 무슨 연습?

두 사람에게 장미를 한 송이 보여 주었습니다.
그런데 한 사람은 꽃을 보았고, 다른 한 사람은 가시를 보았습니다.
낙관주의자와 비관주의자는 이렇게 같은 장미를 놓고도 서로 다르게 받아들입니다.
– 칼릴 지브란(레바논 시인)

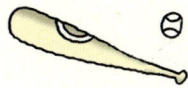

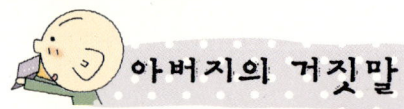

절망도 있지만 희망의 단서도 많습니다. 계속해서 희망의 씨앗을 뿌려야 합니다. 하늘을 덮는 큰 나무도 모두 작은 씨앗 하나에서 시작했습니다.
- 박원순(아름다운재단 상임이사)

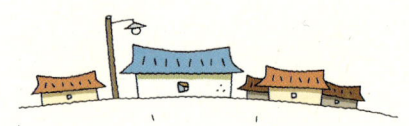

불필요한 물건

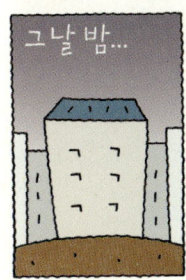

제가 아는 어떤 분은 정기적으로 살림을 솎아 내십니다.
살림을 솎아 낸다는 말이 좀 이상하게 들리실지도 모르겠는데요, 그분 말씀이 우리는 평생 너무 많은 짐을 끌고 다닌다고 합니다. '언젠가는 쓰겠지' 혹은 '비싸게 주고 산 건데 버리기엔 좀 아까워' 하는 마음에 이러지도 저러지도 못하고 그냥 방방이 쌓아 두는 물건이 너무 많다는 거지요.
예컨대 몇 번 입어 보지도 못했는데 그만 유행이 지나 버린 옷들, 아이 유치원 때 사 준 백과사전, 재작년 여름 피서 때 신으려고 샀던 꽃 장식 샌들, 이젠 거실에 걸어 놓기도 좀 민망한 대형 결혼기념 사진 등등….
이런 게 다 욕심 덩어리라고 합니다. 필요한 것만 가지고 있으면 집 안이 훨씬 넓어진다면서요. 좀 과장이겠지만 한 다섯 평 정도 넓어진다고 합니다.
그래서 그런지 그분 집에 놀러가 보면 아주 단출하지만 있을 건 다 있는, 짜임새와 여백이 조화를 이룬 느낌을 받곤 하지요.

아마 마음도 마찬가지일 겁니다. 우리 마음속에도 너무 많은 것들이 꽉 들어차 있어서 갑갑하고 비좁고 그럴 테지요. 살림 솎아 내듯 마음속 자질구레한 짐들도 덜어 낸다면 한결 숨통이 트일 텐데, 참 쉽지 않은 일입니다. 그렇지만 그렇게 답답하게 살기에는 이 세상에 아름답고 선한 것들이 너무 많습니다.

옛 속담에 '마음이 좁아 못 살지, 집이 좁아 못 사나?'라는 말이 있습니다. 말 그대로 마음이 부대껴서 못 사는 거지, 평수 타령은 그저 핑계라는 겁니다.
일주일에 한 번, 혹은 한 달에 한 번씩 마음의 짐을 덜어 내는 시간을 가져 보면 어떨까요? 특별히 시간을 내기보다는 그냥 천천히 하늘도 쳐다보며 동네를 한 바퀴 걷는 것도 참 좋을 것 같습니다.
그렇게 덜어 내서 한 다섯 평쯤 넓어진 마음으로 봄을 맞는다면 그 마음 밭에 봄꽃들이 흐드러지게 필 것도 같습니다.

'무소유'란 아무것도 갖지 않는다는 것이 아니라 불필요한 것을 갖지 않는다는 것입니다. 우리가 선택한 맑은 가난은 부보다 훨씬 값지고 소중한 것입니다.

- 법정 스님

못 해본 세 가지

사람들이 자신의 삶을 즐길 수는 있지만, 믿음이나 신념이 없다면 만족하는 삶을 살 수는 없을 것입니다. 다른 사람들에게 늘 친절하세요.
- 월터 브로우닝(세계 최고령 할아버지, 1896년 생)의
  114세 생일파티 기념사 중에서

# 편안한 운전의 비결

손님, 다 왔습니다..
끼익

기사님, 진짜 운전 잘 하시네요...

꼬불꼬불 시골길인데도 너무 편하게 왔어요. 비결이 궁금해요.

비결은요, 뭐...

운전이란 제가 편하면 손님이 힘들고, 제가 힘들면 손님이 편한 법입니다.

저는 그저 제가 힘든 쪽을 택할 뿐이죠...

북미 인디언의 전통적인 인사말은 이것이라고 합니다.
"당신이 있어서 고맙습니다."

# 오늘은 국화가 주인공

모든 사람은 같다. 다만 사람을 다르게 하는 것은 타고난 성품이 아니라 덕이 있고 없음이다.
- 볼테르(프랑스 고전 작가)

불효자는 웃습니다

마음속에 가득 찬 탐욕 덩어리를 덜어 내지 않으면 성글게 이은 지붕 사이로 비가 새듯이 곧 화가 우리를 뚫게 됩니다.
- 〈법구경〉

 그녀의 선택

그녀에겐 죽자사자 따라다니는 남자 두 명이 있었습니다.

그녀는 심사숙고 끝에 한 사람을 선택했는데요
......

당연히 학벌 좋고, 집안 좋고, 능력 있는 남자쪽으로 갈 줄 알았는데

뜻밖에도 그냥 평범한 남자를 선택했습니다.

그 이유를 물어보니 이렇게 대답했습니다.
?

그 남자가 괜찮은 사람이라는 건 알겠는데

얼굴에 웃음이 없었어.

웃음이 없다는 건 사랑을 고백하지 않은 거나 마찬가지야...

만일 당신이 사랑의 마음으로 사람과 동물과 꽃을 보지 않는다면, 훗날 삶의 공허를 느끼게 될 것이고, 매우 고독해질 것이고, 두려움의 그림자가 언제나 뒤를 따라다닐 것입니다.
그러나 사랑이라고 부르는 이 놀라운 것을 마음속에 지니게 되고, 그 사랑의 심오함과 환희를 느끼는 순간, 당신은 세상이 당신을 위해 달라졌음을 깨닫게 될 것입니다.
- 크리슈나무르티(인도 사상가)

알고 보면 내 삶도

네팔에 가면 찢어진 공을 가지고 열다섯 명의 아이들이 행복하게 논다. 서울에선 한 아이가 열다섯 개의 공을 갖고 있어도 불평, 불만, 원망을 한다. 먹고살 만한 사람들이 '나는 불행하다'는 느낌의 감옥에 빠져 있다.

이 세상을 바라보는 내가 변해야 행복할 수 있고, 내 마음 속에 천국을 만들어 가는 사람이 천국을 가질 수 있다.

– 최일도 목사(밥퍼공동체 대표)

 ## 모자란 법이 없답니다

집이 거대하여 천 칸이라 하더라도 잠잘 때는 여덟 자면 족하고, 논밭이 만경창파같이 넓어 곡식이 많더라도 하루에 두 되 쌀이면 충분합니다.
남의 것을 부러워하지 않는다면 생활의 괴로움은 절반으로 줄어듭니다.
- 〈채근담〉

 ## 내일은 내일의 태양이 뜬다

이 이야기는 영화 〈바람과 함께 사라지다〉의 여주인공 캐스팅에 얽힌 실제 이야기입니다. 비비안 리는 오랜 무명 배우 생활 끝에 스칼렛 오하라 역에 낙점됐는데요, 그 비결이 쾌활하고 밝고 긍정적인 웃음 덕분이었다고 하니 우리에게 전해 주는 메시지가 결코 간단치 않은 것 같습니다.
이 영화에 "내일은 내일의 태양이 뜬다."라는 스칼렛 오하라의 명대사가 나옵니다. 희망을 잃지 않고, 희망을 만들어 나가는 그녀 자신의 삶을 이야기하는 것만 같습니다.

희망이란 원래 있는 것일 수도 있고 없는 것일 수도 있다. 그것은 마치 지상의 길과 같은 것이어서 원래는 없었지만 누군가 걷는 사람이 많아지면 그것이 길이 되는 것과 마찬가지 이치이다. 가면 희망이 되고, 가지 않으면 희망은 사라진다.
- 루쉰(중국 사상가)

 ## 남편의 쪽지

말이 오가야만 서로를 더 잘 이해할 수 있을까요?
서로에 대한 느낌만으로도 충분하지 않나요?
밤새 누군가를 그리느라 아침에 일어났을 때 가슴이 다 저
리면 그 기분을 말로 어떻게 표현해야 하죠?
- 영화 〈콜드 마운틴〉 중에서

네 번째 이야기

그 아름다운 풀을

기쁨과 후회

욕심 많은 사람은 은을 얻어도 금을 얻지 못한 것을
한탄하고, 공(公)이 되어도 제후가 되지 못한 것을
불평합니다.
- 〈채근담〉

향기로운 것 세 가지

나는 세상에서 가장 좋은 학교에서 공부하였습니다.
그곳은 바로 어머니의 품속입니다.

- 선다 싱(인도 기독교 성자)

# 그 아름다운 풀을

내 삶을 이루는 소박한 행복 세 가지는 스승이자 벗인 책 몇 권, 나의 일손을 기다리는 채소밭, 그리고 오두막 옆 개울물을 길어다 마시는 차 한 잔이다.
늘 모자랄까 봐 미리 준비해 쌓아 두는 마음이 곧 결핍이다. 두 개를 갖게 되면 하나만을 지녔을 때의 그 풋풋함과 살뜰함이 소멸되어 버린다.
- 법정 스님

큰 보따리, 작은 보따리

한여름 더위보다 더 힘든 게 늦더위입니다. 입추 지나고 처서 지나면서 좀 수그러들 만도 한데 여전히 쨍해 여간 고역이 아닙니다.

하지만 농사짓는 분들은 이 늦더위를 감사하게 받는다고 합니다. 곡식을 진짜 여물게 해 주는 게 이 늦더위이기 때문입니다. 그래서 농부들에게는 고역이 아니라 고마움이고 행복이지요.

사람이 얼마나 행복한가는 그의 감사의 깊이에 달려 있답니다.

 보릿고개 리메이크

불과 15년 전만 해도 물을 사 먹는 건 상상도 못할 일이었습니다. 지금은 생수 한 병에 500원 정도 하지만 앞으로도 환경 파괴가 지속적으로 진행된다면 20만 원, 50만 원씩 하게 될지도 모릅니다. 벌써 북극의 빙하를 녹인 물이 엄청난 고가에 판매되고 있다지 않습니까?

곧 다가올 미래, 어쩌면 깨끗한 물은 부자들만 마실 수 있는 꿈의 양식이 되고 대부분의 가난한 사람들은 60년 전 먹을 것이 없어 배를 곯으며 '보릿고개'를 넘었던 것처럼 물이 없어 '물 고개'를 넘게 될지도 모릅니다.

돼지고기 너무 싫어

큰 범죄는 대부분 욕망 때문이 아니라 배부름에 의해 일어난다.

- 아리스토텔레스

# 기도는 이렇게

따뜻한 밥 한 그릇부터 가난한 이웃과 나누는 일이야말로 생명을 얻되 그것을 더욱 풍성하게 살리는 길이고, 배고픈 사람에게 따뜻한 밥을 지어 나누는 것이야말로 나눔 정신의 출발입니다.

내가 가지고 있는 것 두 개 중에서 갖고 있어도 그만, 없어도 그만인 하나를 주는 것이 아니라 꼭 있어야 할 하나를 절반으로 나누는 것, 이것이야말로 진정한 이웃 사랑이요 나눔의 정신입니다.

아름다운 사람의 마음은 잔칫집에 있는 것이 아니라 슬픔으로 가득한 초상집에 있습니다. 상처와 고통으로 신음하는 사람에 대한 마음 씀이 무엇보다 중요합니다.

– 최일도 목사(밥퍼공동체 대표)

 ## 보톡스 맞으러 갑니다

이 세상에서 가장 빛나는 기쁨은 가정의 단란함에서 나오고, 이 세상에서 가장 거룩한 즐거움은 사랑하는 가족과 함께하는 데에서 나옵니다.

- 페스탈로치(스위스 교육가)

 ## 풀어줘야 하는 법

사람에게 입은 상처는 그 사람에게 다시 상처를 되돌려 줌으로써가 아니라 다른 사람을 사랑하는 일로만 치유되는 것이다.

- 공지영(소설가)

 ## 어느 새신랑의 고백

부모님은 우리의 어린 시절을 꾸며 주셨습니다. 그러니 이제 우리는 부모님의 여생을 아름답게 꾸며 드려야 합니다.

- 생텍쥐페리(프랑스 소설가)

 ## 마음 보조식품

우리 몸에서 분비되는 호르몬 중에 '다이도르핀(Didorphin)'이라는 것이 있는데요. 이 호르몬은 엔도르핀보다 무려 4,000배나 강력한 효과가 있다고 합니다.
아시다시피 엔도르핀은 노화 방지, 피로 회복, 진통 효과는 물론 웬만한 병도 이기게 해 준다는데 이보다 4,000배나 강력하다니 거의 만병통치약 수준입니다.
엔도르핀이 웃거나 사랑할 때, 혹은 편안한 숙면을 취할 때 분비되는데 반해 다이도르핀은 굉장한 감동을 받았을 때 분비된다고 합니다. 또한 분비된 다이도르핀은 도파민, 세로토닌 등과 어우러져 우리 몸의 면역 체계에 강력한 긍정 작용을 일으킨답니다.

결국 감동을 자주 받으면 암도 거뜬히 이겨 낼 수 있는 기적의 치료약이 저절로 생겨나는 셈인데, 안타깝게도 사람들은 살면서 감동받을 일이 별로 없다고 푸념합니다. 사는 게 팍팍하다고요.

하지만 돌아보면 우리는 늘 감동 속에서 살아왔습니다.
첫 아기를 받아 안던 순간의 떨림, 신혼 첫날밤 나란히 누운 머리맡으로 밀려오던 밤바다의 파도 소리, 대리 딱지 떼던 날의 그 환호, 초등학교 입학 첫날 큰 가방을 메고 덜렁덜렁 등교하던 아이의 뒷모습, 처음 내 집을 계약하던 날 떨리는 손으로 찍었던 인감도장…. 그때마다 우리 뇌하수체에서는 다이도르핀이 왕성하게 분비되었을 것입니다. 더듬어 보면 수백, 수천 가지가 될 텐데 우리는 그냥 무심하게 받아들이고 쉽게 잊어버렸을 뿐입니다.

브레이크가 더 큰 까닭

가득 차면 오히려 부족하게 되고, 겸손하면 이익을 얻게 된다.
- 〈명심보감〉

음표보다 쉼표

행복은 고생 끝에 오는 것이라고 흔히들 생각하는데 그렇지 않습니다. 행복을 발견하는 첫걸음은 지친 우리의 몸과 마음에 참다운 '쉼표'를 선물하는 것입니다.
- 서정희의 〈쉼표, 중년에게 말을 걸다〉 중에서

집착하기 때문에 욕심이 생기고, 그 욕심 때문에 얽매이게 되고, 얽매이는 까닭에 슬픔, 절망, 분노와 같은 온갖 괴로움이 뒤따르는 법입니다.
인생사 괴로움에서 벗어나는 가장 좋은 방법은 '집착'을 던져 버리는 것입니다.
- 〈열반경〉

# 웃음기를 싹 없애는 방법

재물에 큰 욕심이 없는 사람은 진실로 행복합니다. 지혜로운 사람은 어떤 것도 자기 것이라고 생각하지 않습니다. 이 세상에 있는 동안 잠시 빌려 쓸 뿐이라고 생각합니다. 자, 보십시오. 지나치게 많이 가지고 있는 사람들이 여기저기에 얽매여 얼마나 괴로움을 당하고 있는지를.
- 〈우다나경〉

 천하제일의 명기

노래하는 사람이 스스로 즐거워하기 전에는 그 노래로 다른 사람을 즐겁게 할 수 없습니다.

- 칼릴 지브란(레바논 시인)

 ## 무엇이든 절반쯤

행복해지는 두 가지 방법이 있습니다. 욕심을 줄이든
가, 가진 것을 늘리든가. 어느 쪽이 더 쉽겠습니까?
- B. 프랭클린(미국 정치가)

 ## 한 번도 실패한 적이 없네

세계 최초로 소아마비 백신을 개발한 미국 의학자 조너스 소크의 이야기입니다. 그는 어마어마한 특허료를 마다하고 백신 제조법을 무료로 공개하면서 이런 말을 남겼습니다.
"저는 이 백신의 특허권을 신청하지 않을 것입니다. 저 태양을 특허로 신청할 수 없듯이 말입니다."

정치인의 재능

정치란 불과 같다. 너무 가까이 가게 되면 화상을 입게 되고, 너무 멀리 떨어지면 얼어 죽게 된다.
- 안티스테네스(고대 그리스 철학자)

 ## 박 군의 본 아이덴티티

인생의 의미는 무엇일까요? 날 때부터 타고나는 것일까요? 아니면 타인으로부터 주어지는 것일까요? 소유하고 있는 것으로부터 생겨나는 것일까요?
인생의 의미는 스스로 만들어 나가는 것입니다. 스스로 의미를 부여하려고 노력하는, 꼭 그만큼의 의미를 갖습니다.
- 헤르만 헤세

좋은 말씀

<u>스스로</u> 실행하지 않는다면 아무리 좋은 글귀를 많이 외워도 전혀 도움이 되지 않습니다.
그것은 목동이 주인의 소를 아무리 많이 세어도 자기의 소는 한 마리도 없는 것과 같습니다.
또 아무리 아름다운 꽃이라도 열매를 맺지 못하는 것이 있듯이 아무리 좋은 가르침이라도 그것을 실행하지 않으면 열매를 맺을 수가 없습니다.
- 〈법구경〉